FLESH OF
LEVIATHAN

Cover image: "Logs at Wreck Beach" by Karis Shearer, 2015

Book cover and interior design by Cassandra Smith of Molo Projects
www.moloprojects.org

Offset printed in the United States
by Edwards Brothers Malloy, Ann Arbor, Michigan
On 55# Enviro Natural 100% Recycled 100% PCW
Acid Free Archival Quality FSC Certified Paper

Library of Congress Cataloging-in-Publication Data

Names: Pato, Chus, 1955- author. | Mourâe, Erin, 1955-, translator.
Title: Flesh of Leviathan / Chus Pato ; translated from the Galician by Erin
    Moure ; with an unmending foreword by Jen Hofer.
Other titles: Carne de Leviatan. English
Description: Oakland, California : Omnidawn Publishing, 2016.
Identifiers: LCCN 2015040542 | ISBN 9781632430175 (pbk. : alk. paper)
Classification: LCC PQ9469.2.P34 C3713 2016 | DDC 869.1/5--dc23
LC record available at http://lccn.loc.gov/2015040542

Published by Omnidawn Publishing, Oakland, California
www.omnidawn.com   (510) 237-5472   (800) 792-4957
10 9 8 7 6 5 4 3 2 1
ISBN: 978-1-63243-017-5

FLESH OF LEVIATHAN

CHUS PATO

TRANSLATED FROM THE GALICIAN
BY ERÍN MOURE

WITH AN UNMENDING FOREWORD BY JEN HOFER

OMNIDAWN PUBLISHING
OAKLAND, CALIFORNIA
2016

Índice

Contents

an unmending foreword by Jen Hofer

as imperial ends
or sea imperils and
or a press a limned i
or no mend: a recognition or translucination or asymptotic reading
not unlike the workings of syllogism **by jh via em via cp**

Translation pivots on the word — as painting does on paint — this word that is not ours makes us feel, infects us… a translator's gaze, a painter's, are authentic mutations, and thus their works can cross the gap between word and meaning, paint and gaze

— Erín Moure, *Insecession* (BookThug, 2014)

Of course, words have equivalents, though no equivalencies fixed in space and time. For each word in a language is affected, touched, perturbed, wounded, split by the culture in which it is used, by history, and affected as well by the words in proximity, and by voices as well, by bodies, by ears. There are equivalents, yes, but each equivalent is fed by approximations, proximities, usages, ravages, splits, absences.

— Erín Moure, "Crossing Borders with a Galician Book of Poetry: Translating a Realist Poet," in *My Beloved Wager* (NeWest Press, 2009)

escribo a voz coma un país estranxeiro // I write the voice as a foreign country
— Chus Pato, trans. Erín Moure, *Carne de Leviatán // Flesh of Leviathan*

9

indefinitely approaching an unreachable name is the name of your name
without horizon // each limit, each border touches another limit and another

mirrors are borders are sense are a heart to be mended
a mirror of mirrors indefinitely approaching an unreachable name to be mended
mirrors for a mirror another and another mirrored in sky spoken to be mended
we don't speak its name // another thing we can't say

bodies don't fit names don't fit names are ruin bodies are ruin
we don't speak its indefinitely approaching an unreachable name
names are bodies are ruin are bodies are names
not speaking was life
not speaking was not life
life was not life
another and another

what cannot be lived is my own self is life
what cannot be lived is life
what can be lived is my other self
life is the language
language doesn't exist
the language is what we live
upturned

language is words
in bodies not in bodies
is what can be said
is words is the places
where the word doesn't fit is falling
is without measure without mend

we write using the places where the word doesn't fit outside the places where the
word doesn't fit where what doesn't fit is bodies where what doesn't fit is names are
ruin are bodies are ruin
(nameless) you // do not know them indefinitely approaching an unreachable name is
the name of your name not words that do not name you approaching an unreachable

name we don't speak we mix nothing and embodiment using the places where the
word doesn't fit using mirrors

a word longs to adjoin // to be bird
the words of some people are free

a name without a container in which names are inscribed *we don't speak its name*
indefinitely approaching an unreachable name is the name of your name
I is outside // and the words for speaking
the material of effort sustains itself by the force of its own efforts
none unspeakable
the word sustains itself by the force of its own word
speaking sustains itself by the heart of its own unspeaking

this word is not this word
this word is beautiful
was this word was not this word
another and another
a name without a container
another word in another language
indefinitely approaching an unreachable name
her text is a translation // her text is untranslatable
a translation is untranslatable her text is not her text a translation untranslatable
indefinitely approaching an unreachable body

Voces

As do vento das almas descarnadas dos heroes
traen canda si o visíbel
son as sete xornadas

Unha elipse de unicornios
personaxes que sobreviven ás tramas
desexos guerras
damas e espellos

A mente
os seus estados
se podemos aínda falar sobre as datas
sobre os textos que temos sepultados no corazón

—Así como o zurcidora colle os puntos
e desliza, velocísima, a agulla
sobre o tecido de cristal
debería eu reparar os danos
os que se enquistan

O xardín faise en seis golpes de voz
cun oasis e despois o deserto
Vivimos antes da segunda palabra

Pode que o paxaro arda
un paxaro utópico
  —as maos
as palmas
as palmas da resurrección
as palmas

Voices

Those of the wind of the wizened souls of heroes
carry with them the visible
they are the seven days

An ellipse of unicorns
characters who survive plots
desires wars
damsels and mirrors

The mind
its states
if we can still speak of dates
of the texts we hold buried in our hearts

—Just as the seamstress picks up stitches
and slips, so swiftly, the darning needle
across the fabric of glass
I should mend the damages
those that form cysts

The garden is made in six strokes of the voice
with an oasis and then desert
We live prior to the second word

It could be that the bird is aflame
a utopian bird
—the hands
the palms
the palms of the resurrections
the palms

O ritmo do ollo

vestidos e calzados pasaremos o verao no cofre da Historia

se isto é así, que os cedros as follas o vento se alzan desde o fondo
para inventarse, o visíbel funcionaría con lóxica pictórica / ao contacto
cos sentidos, nós responderiamos erguéndonos desde ese mesmo chao
(féretro abismo) como resucitados

o idioma
ese
que se desangra na boca

un pobo sofre sobre si todo o peso da devastación
camiña baixo a luz da súa eclipse
ceibe
e non é refén do espírito
non é refén da morte
exponse
e é inmortal
coma un futuro
veloz
incerto

os ríos vencen a gravidade
abandonan a Terra

as fronteiras porque xa foron desbordadas

esta última
de dentes

Rhythm of the Eye

clothed and shod we'll summer in the coffer of History

if that's how it is, and cedar leaf wind arise from the bottom to invent
themselves, the visible would act with pictorial logic / upon reaching
the senses, we'd answer by arising from this very ground (coffin abyss)
as resurrected

our language
that
which bleeds dry in the mouth

a people bears upon it all the weight of devastation
walks in the light of its eclipse
free
and is not hostage to the spirit
is not hostage to death
exposes itself
and is immortal
like a future
swift
uncertain

the rivers vanquish gravity
abandon the Earth

the borders as they're already overrun

this final one
by teeth

Da turbulencia dos álamos

—fuscum sub nigrum

El ten ese poder
pode pregar as nubes as penedas
mesmo protexer os soños no ventre das covas
(un pintor)

con todo o que a motivou a escribir foi a súa presenza na cámara
e as cavernas e as cavernas que hai dentro das cavernas e os labirintos e
todos os buracos de esponxa e todos os pregues de astracán de mármore
de veludo
responderon aos espellos

aínda así o cranio estaba escuro
entón o eixe vertical das mónadas perfectas que van ata o cimo
   da harmonía
quebrou nun zig zag
sobre si
e todos os pregues de mármore de astracán de seda
onduláronse
na ilimitada variedade do visíbel

ela sentiu un asombro
coma un ollo
cego
cheo de paxaros

"o que cabalgas é o vento
as crinas que son de sangue e mercurio
Rómpelle os selos a luz
non peches o bucle

On the Turbulence of Poplars

—fuscum sub nigrum

He has that power
can fold the clouds the cliffs
can even shelter dreams in the womb of the coves
(a painter)

all in all what drove her to write was her presence in the room
and the caverns and the caverns inside caverns and the labyrinths and
all the holes in sponges and all the folds of astrakhan of marble
of velvet
echoed in the mirrors

still the cranium was dark
then the vertical axis of the perfect monads that soar to the peak
   of harmony
collapsed inward
in a zigzag
and all the folds of marble of astrakhan of silk
undulated
in the unlimited variety of the visible

she felt an amazement
like an eye
blind
full of birds

"what you're riding is the wind
its mane is of blood and mercury
Light breaks the seals
now don't close the loop

aberto coma un libro
os cabelos do anxo"

a que resolve os problemas di

"un lique padece menos que os humanos
pero a pedra é superior ao lique
Non dormes porque coñeces as tebras
tamén aquí un coral
un bosque"

o cerebro descansa
na casa dos paxaros

open like a book
the tress of the angel"

she who resolves problems says

"a lichen suffers less than do humans
but stone is superior to lichen
Don't sleep just because you're used to darkness
there's also a coral here
a forest"

the brain takes rest
in the house of birds

Corazón

É tan lixeiro o espello que a súa decisión é voar
quere pensar un ceo:
alto altísimo celeste grande grandísimo
en contacto
unha grandeza
(é agora cando se nos revela un ínfimo cristal)
Nada disto pode escribirse:
o xesto que traza a liberdade e a liberdade dos límites
O espello bate
prega sobre si a musculatura
torce en hélice e finalmente volvese encartar
A grandeza
que non garda relación coa medida
pénsase no corazón
"tes que termar das augas
a súa decisión é voar"
Nada se semella ao mundo
que é separado e desigual e outro
mundo único que é
Nunca remata nunca o inferno
e nunca é verdade
Como a sombra do ceo nas augas
e do bosque no ceo das augas
rítmico
como un día de néboa
É enxoito permanecer aquí
(un deserto abrasa calquera crenza e tamén a fortaleza abrasa)
é ceibe agudo estreito

Heart

The mirror's so light that its decision is to fly
it wants to think sky:
high so high celestial huge so huge
touching
a grandeur
(it's now when we catch sight of a bit of glass)
None of this can be written down:
the gesture that traces freedom and the freedom of limits
The mirror pulses
folds its musculature inward
coils in a helix and finally folds in on itself again
The grandeur
that has nothing to do with moderation
ponders in the heart
"you must hold onto the waters
their decision is to fly"
Nothing resembles the world
it is separate and unequal and other
the only world there is
There is never an end to hell
and it's never truth
Like the shadow of sky in the waters
and of forest in the sky of waters
rhythmic
as a foggy day
It's parching us to stay here
(a desert sears any belief and the fortress also sears)
it's free acute strait

Excelsior

—Manoel Antonio

Canda ti
levabas un nobelo
fío para deseñar unha asíntota

sobre ti nada poderías dicir
o teu nome era unha estrela

a humanidade é o nome dunha estrela
a humanidade achégase indefinidamente
a un nome inalcanzábel

un nome sen lembranza
un nomeMemoria

abríronse as portas cardinais
e ti pasaches
ceibe

sen horizonte

Excelsior
—Manoel Antonio

Along with you
you carried a ball of twine
string to draw out an asymptote

about yourself you could say nothing
your name was a star

humanity is the name of a star
humanity indefinitely approaches
an unreachable name

a name without memory
a memoryName

the cardinal gates opened
and you passed through
free

without horizon

Mecánica

Non é pequena a alma
é extensa
ancorada en todos e en cada un dos puntos
cobre o campo

non coñece
é escrava
a súa risa
arcaica como a luz
os seus ollos como os das estatuas
non saben de trégoas
ten ollos a alma
pero non ve

leva rexistro de todos os nomes
non os di

a alma soporta nos ombros un vitelo

Danza Psique
voa cara onde non hai tempo nin imaxe nin lembranza

non de xeito diferente avanza o siloxismo

Mechanics

The soul's not small
it's vast
anchored at each and every point
it covers the field

doesn't know
is a slave
its laughter
archaic as light
its eyes like those of statues
know nothing of truces
the soul has eyes
but doesn't see

bears the register of all the names
doesn't speak them

the soul bears a calf on its shoulders

Dance Psyche
flies to where there's no time or image or memory

it's not unlike the workings of syllogism

Pai

Da respiración que na terra erguen as tumbas
do ventre das mulleres
desde aí viñeches
pai
desde aí chegaches
ardendo nos bidos

Canda o ceo
son as constelacións
sendo o ceo a pel que envolve a Terra

Desde a pel
así chegaches
pai
desde a pel
que envolve a respiración das tumbas
ardendo nos bidos

Father

From the breath that the tombs raise from the earth
from the womb of women
from there you came
father
from there you arrived
afire in the birches

In the skies
are the constellations
sky being the skin that envelops the Earth

From the skin
that's how you came
father
from the skin
that envelops the breathing of the tombs
afire in the birches   .

Figura

Porque unha folla trae canda si todas
as caídas
todas as masas arbóreas todas as criaturas
todas as materias
desde o principio
e antes do principio
dos tempos

caídas interminablemente desaparecidas

sobre as tumbas
sobre a respiración da Terra
unha nutrición
disparada

pero o abismo

a folla figura e borra

para volver
ás augas á luz

á vibración das súas eclipses

Figure

Because one leaf pulls with it all
the downfalls
all arboreal masses all creatures
all matter
from the beginning
and before the beginning
of time

falls interminably vanished

over the tombs
over the Earth's breathing
a nutrition
detonated

but the abyss

the leaf traces and erases its figure

in order to return
to the waters to the light

to the vibration of its eclipses

Celeste ceo negro da noite

Casa aquí
ningunha
só o arabesco das letras

esta letra
é tacto
ninguén a traza
ninguén a descifra
ten brillo de lúa

a mao escribe e esquece

sobre os grandes xeos antárticos

vai ata onde a lingua é pozo de barrena

pero a eses/as
que viven nos bosques ou nas cidades
Atenas Roma Xerusalén
a eses/as que non deixaron nada escrito
e son o sopro da letra
a eses/as
(sen nome)
ti
non os coñeces

Black Celestial Sky of Night

There is no
house here
only the arabesque of letters

this letter
is touch
no one traces it
no one deciphers it
it's bright as moonlight

the hand writes and forgets

about immense Antarctic glaciers

goes toward where language is a wellbore

but those
who live in forests or in cities
Athens Rome Jerusalem
those who left nothing written
and are the breath of the letter
those
(nameless)
you
do not know them

Caricia

Deben caer os nomes
caen
na Terra

humus

palabras corazón
un corazón de palabras
palabras para un corazón

abre pecha o corazón tócame

no corazón das palabras

onde o mundo é pléroma
o invisíbel do mundo
é un límite

Caress

Names must fall
they fall
into the Earth

humus

heart words
a heart of words
words for a heart

the heart opens closes touch me

in the heart of words

where the world is pleroma
the invisible of the world
is a limit

Caricia (2)

A letra escribe a palabra e ao escribila esténdea; cada límite, cada borde achega outro e outro máis. Non caben os corpos (todo está cheo de corpos, algúns tan sutís que non podemos velos) non cabe o corpo da palabra na letra nin na voz cando a dicimos. Nada é contemporáneo, nin o eu do corpo, nin o corpo dos seus intrusos, nin os intrusos das súas hóspedes; de aí que teña o corpo a condición da metáfora, onde por un intre semella que os dislocados poden bicarse. Non son símbolos os nomes, non encaixan e son ruína, paxaro que resiste ao lume. Escribimos por fóra, fóra da letra, fóra da voz. Escribimos, naturalmente, na letra, na voz

Bícame
non podo bicarte (me) o corazón
Bícame

Caress (2)

The letter writes the word and in writing extends it; each limit, each border touches another limit and another. Bodies don't fit (it's full of bodies, some so subtle we can't see them), the body of the word doesn't fit into the letter, nor into the voice when we speak it. Nothing is contemporary, not the I of the body, nor the body of its intruders, nor the intruders of their hosts; hence the body has the condition of metaphor, where for a moment it appears that the displaced can kiss. Names are not symbols, they don't fit and are ruin, bird that resists fire. We write there outside, outside the letter, outside the voice. We write, naturally, in letters, in the voice

Kiss me
I can't kiss your (my) heart
Kiss me

Un paxaro

As ás
eran da cor da pel das píntegas
ou das follas do álamo

de ouro e negras

o ritmo imperioso no ceo

"eu son o paxaro"
"iso non pode dicirse"
"o paxaro representa o meu ánimo"
"iso non pode dicirse"

está dentro e voa nun baleiro que tamén é interno

eu é fóra
e as palabras para dicir

"medrou ata perforarme as pálpebras
para que a luz volvese onda min

a luz do día
a luz da noite"

A Bird

Its wings
were the colour of salamander skin
or of the leaves of poplars

gold and black

the imperious rhythm in the sky

"I am the bird"
"you can't say that"
"the bird represents my spirit"
"you can't say that"

it's inside and flies in a nothingness that's also inside

I is outside
and the words for speaking

"it grew until it perforated my eyelids
so that the light would return to me

the light of day
the light of night"

Berce

Só por eles detés a marcha
polos paxaros
pola graza dos seus pasos e o dobre plano de sombra
do seu desdobramento
É a viaxe da luz cara á súa eclipse
ollo dentro e fóra
na súa máxima atención
aberto ao lume

Ti
máis antiga que as areas de Gizeh
onde a retina vibra
e o brote de herba

antes da primeira emanación
antes do primeiro golpe de voz

(non o sabes)

e aínda os liques
os mofos
a altura dos álamos

Cradle

Only for them do you stop walking
for the birds
for the grace of their passage and the flat doubled shadows
of their unfolding
It's the voyage of light toward its eclipse
inner and outer eye
in high alert
open to the fire

You
far older than the sands of Giza
where the retina vibrates
and the new spear of grass

before the first emanation
before the first stroke of the voice

(you don't know this)

and yet the lichens
the mosses
the soar of the poplars

Mogador

Viña das illas
cara a un bosque de araucarias
cara aos muros dunha cidade
ía cara ao que non se pode vivir
O ceo era sólido coma un imán
un laúde e un nome
os paxaros caían cara ao océano
e as mareas salpicaban as defensas e os canóns do porto
Estaba fronte ao abandono
fronte a unha destrución severa
(a vexetación antropomorfa apertaba as tumbas)
espíame sobre a pel dunha ovella
Viña das illas
e os alíseos alentaban a miña navegación
ía cara ao que non se pode vivir
cara a min mesma
cara á vida

Mogador

Came from the islands
toward a forest of araucarias
toward the walls of a city
went toward what cannot be lived
The sky was solid as an imam
a lute and a name
birds plunged toward the ocean
and tides spattered the ramparts and cannons of the port
Was facing abandon
facing a severe destruction
(anthropomorphic vegetation hugged the tombs)
Glimpsed myself on the hide of a ewe
Came from the islands
and the trade winds sped my navigation
I went toward what cannot be lived
toward my own self
toward life

Eleusis

Isto
eu
aquí
agora
ti
hoxe
mañá
entón
o mesmo día
sempre

nada hai na voz nada

unha lingua de fogo que a todos e a cada unha pertence

pero quen di o idioma é a voz
non está
e volve

Eleusis

This
I
here
now
you
today
tomorrow
thus
the same day
forever

nothing's in the voice nothing

a language of fire that belongs to all and to each

but whoever says the language is voice
isn't here
and returns

Iena

Se isto é así

que pensamos a través dos nomes
que a memoria é un *container* no que se inscriben os nomes
que aprender de cor é desvencellar os nomes do seu significado

pensar é con nomes que nada significan
cos nomes da noite

dados ao esquezo

pensar (a arte) é cousa do pasado

aí
onde ti
eu
calquera
aprendes de golpe

golpe de corazón
a linguaxe enteira

é cousa
do pasado

Jena

If it works like this

if we think using names
if memory's a container in which names are inscribed
if learning by heart is to disconnect names from their meaning

thinking's done with names that signify nothing
with the names of night

given into oblivion

thinking (as art) is a thing of the past

so
where you
I
whosoever
learn in one stroke

stroke of the heart
the entire language

is a thing
of the past

Tríptico de Isenheim

O día e a noite
o que non ten rostro
e se presenta na mente como alegoría

o coñecemento marabillado da razón
rompe no seu maior esforzo
e cega

(ven os ollos o que non poden ver)

esa contemplación

a contemplación dos cadáveres de miles de labregos, asasinados na
batalla de… enche dun resplandor tal a mirada de Grünewald, que
durante meses usa unha venda negra para os ollos

cando desaparezan todas as flores do mundo
(Hecatombe / Dioivo)
entón as palabras agromarán

como margaridas

Digo unha flor

The Isenheim Altarpiece

Night and day
that which is faceless
and appears in the mind as allegory

the awed knowledge of reason
snaps in its fierceness
and blinds

(the eyes see what they cannot see)

that contemplation

contemplation of the corpses of thousands of labourers, slain in the
battle of... fills the gaze of Grünewald with such radiance that for
months he wears a black blindfold over his eyes .

when all the flowers of the world disappear
(Hecatomb, Flood)
then words will sprout

like daisies

I say a flower

Silvaescura

Quixera unha palabra lindar
alcanzar unha casa unha cidade un aeroplano

vive nos confíns
nesta fraga todas as terras os animais as árbores
son palabras

agora é primavera
e nos noiros as lilas as abróteas os narcisos
todas son palabras

miden o inconmensurábel
son veloces e inmóbiles

quixera a palabra ser paxaro
este que deita o seu canto no azur
aquí

na fraga
no idioma

quixera unha palabra lindar

Wilds

A word longs to adjoin
to reach a house a city an aeroplane

it lives on the edges
in this forest all the lands the animals the trees
are words

now it's spring
and on the slopes the lilacs the buds the daffodils
all are words

they measure the incommensurable
are swift and still

a word longs to be bird
the one that lays its song in the blue
here

in the forest
in the language

a word longs to adjoin

Beben na fontana clara

A dama que así cabalga
vai de abismo en abismo
o seu texto é unha tradución
o seu texto é intraducíbel

iso lingüístico que che corta o alento

(cando nunha pequena embarcación
no territorio dos Kanien'kehá:ka
o pobo do sílex
da liga dos Iroquois
cruzaches cos cargueiros da
Canada Steamship Lines
e soubeches que en ningún idioma
poderías dicir a conmoción do corpo)

que o tropo non alcanza nunca ao significado

para o que che abre a boca
para o que che desprega os beizos
para iso non hai razón

así cabalgas
fondo sen fondo
como as errantes

desde un ultra futuro
coa nupcialidade dos barcos

They Drink of Clear Waters

The damsel who rides out like that
goes from abyss to abyss
her text is a translation
her text is untranslatable

linguistic tic that takes your breath away

(when, in a small canoe
on the lands of the Kanien'kehá:ka
People of the Flint
the Iroquois League
you crossed paths with the freighters of
Canada Steamship Lines
and you knew that in no language
could you speak the turmoil of the body)

the trope never arrives at the signified

for that which opens your mouth
for that which parts your lips
for this there is no reason

so you ride out
depth without depth
as did the wanderers

from an ultra future
in the nuptiality of freighters

Amu Daria

Nada é a maxestade
dúas columnas e un arabesco infinito

nosoutras vivimos dentro e fóra da muralla
unha fita de seda sepáranos do sol
tan delgada como a liña que arreda o ben do mal
nun símbolo zoroástrico
e azul
tanto como o esmalte que ti contemplas Isthar
en Berlín
e miro eu no zócolo do antigo harén

nada é a maxestade
o cadrado da Terra
e o ceo que a protexe

a delgada tela dunha antuca que nos garda do sol

cero é a maxestade
a porta que te recibe
unha madraza e outra
xuntas
como as cellas nun rostro
o bo e o mal infinito

mírate na profundidade
en todos
e en cada un
dos pozos

Amu Darya

Nothing is majesty
two columns and an infinite arabesque

we women live inside and outside the walls
a band of silk separates us from the sun
as thin as the line that divides good from evil
in a Zoroastrian symbol
and blue
as the enamel that you contemplate   Ishtar
in Berlin
and that I see in the tiles of the ancient harem

nothing is majesty
the frame of the Earth
and the sky that protects it

the thin gauze of a parasol that shields us from the sun

zero is majesty
the gate that receives you
one madraza and another
beside each other
like the eyebrows on a face
the good and the utterly evil

look at yourself in the depths
in all
and in each
of the pools

Poi Kalian

Todos estes nomes fermosos
as profecías nabi os anxos o mesías
son necesidades dos corpos

El Mahdi nada comprende
guíano as·tradutoras que lle transmiten
a lingua das bestas
e as vedoiras
que ouven o invisíbel

unha estrela detense
El Mahdi unha errante do deserto

a Historia pode deixar as súas crónicas
ao contacto co aire os papiros desintégranse
de inmediato afúndense na nada

onde remata a Terra e endexamais comeza o ceo
un / unha
tinta o cálamo nunha potencia
de escritura

inescrutábel

Poi Kalyan

All those beautiful names
the Nabi prophecies the angels the messiah
are necessities of bodies

El Mahdi understands nothing
is guided by the women translators who transmit to him
the language of beasts
and by the women oracles
who hear the invisible

a star stands still
El Mahdi a wanderer in the desert

History can leave its chronicles
upon contact with air the papyri disintegrate
immediately crumble into the void

where the Earth ends and the sky never begins
he / she
inks the reed in a potential
writing

inscrutable

Poi Kalian (2)

agora ben, todas estas imaxinacións existen?
e é a ninfa Venus unha delas?
sendo así as imaxes (a forma a idea a alma os fantasmas a fantasía)
son o camiño de maior perigo

dormen no fondo do atlasMemoria
sen elas un hábito
un amor
unha ética non é posíbel

acordan nos espellos

Poi Kalyan (2)

okay then, all these imaginations exist?
and the nymph Venus is one of them?
if so, then images (form idea soul phantasms fantasy)
are the route of greatest peril

they sleep in the depths of memoryAtlas
without them a custom
a love
an ethics is not possible

they wake in the mirrors

Poi Kalian (3)

(…) sería danzar (por idea ou *fantasmata*) guindarse desde aí, onde desexando te revelas e ese ti es ti e todas as outras e todas os outros un ser común

desde onde te apareces e amas e es e perserveras

Poi Kalyan (3)

(…) it'd be dance (via idea or *phantasmata*) to fling yourself from that point, where ardently you reveal yourself and this you is you and all other men all other women a common being

from where you emerge and you love and are and will persevere

Canción

—para Belén Feliú

A nosa casa o meu corpo en L'viv
tiña ouro e acantos
e un corredor
e pombas nos tellados dos alpendres
A nosa casa o meu corpo en L'viv
tiña espellos que reflectían sete veces as figuras
e na igrexa aramea a ábsida era un iwan
e a bóveda un ovo de feitura perfecta

A nosa casa o meu corpo en L'viv
onde volvín sobre aquela organización do corpo
que Aristóteles chamou psique e os latinos traduciron por ánima
e a dinamis a enerxía o sopro

A nosa casa o meu corpo en L'viv
a xenética inzada de espíritos
as células
Onde lembrei a túa desaparición
na arte máis nova do século
e a nube
a pequena e derradeira
que expirou o teu corpo

Alma estendida
alma
na súa desaparición
interminábel

Song

—for Belén Feliú

Our house my body in L'viv
had gold and acanthi
and a colonnade
and pigeons in the eaves of its porticos
Our house my body in L'viv
had mirrors that reflected seven times each figure
and in the Armenian church the apse was an iwan
and the dome an egg formed perfectly

Our house my body in L'viv
where I returned to that organization of the body
which Aristotle called psyche and the Latins translated as anima
and dynamis energy breath

Our house my body in L'viv
genetics swollen by spirits
the cells
There I remembered your vanishing
in the newest art of the century
and the cloud
tiny and final
exhaled by your body

Soul extended
soul
in its vanishing
interminable

181 pedras de xade para xogar ao Go (negras)

É lixeira (a máquina)
a súa propulsión son os paxaros

sostéñense sobre un arabesco
as poutas son idénticas ao cabo de plumas dunha frecha
son frechas (as aves)

de aí que poida, a máquina, manterse desapegada
poida xirar os cantos sobre cada un dos puntos de orientación
cara ao sur:
un leito que é reflexión da aurora .
cara ao norte:
o trebón
é aérea
remonta envolta en bruma
en bafo
en auga
en cor
en cores
en vapor
en nube

os ángulos pequenos

compose dos trinos
dun arabesco dunha liña quebrada a balanza a buxaina dobre e un
    leito
é ascensional
cara á tempestade e o esforzo

181 Jade Stones for a Game of Go (Black)

It's lightweight (the machine)
birds are its propulsion

they hover over an arabesque
their claws are identical to the feathered end of an arrow
they are arrows (the birds)

hence it can, the machine, remain detached
can turn the corners of each compass point
toward the south:
a bed that is reflection of dawn
toward the north:
the thunderstorm
is aerial
arises wrapped in mist
in moist breath
in water
in colour
in colours
in steam
in cloud

the tiny angles

it consists of trills
of an arabesque of a broken line the scales the double spinning
   top and a bed
it's ascensional
toward storm and struggle

pero que pesado ten que ser un abismo e que carga, a dos paxaros, para arrastralo canda si e xiralo coma unha tromba no dominio do aire!

"non o ves? son eles os que turran do abismo"

leve
gris / como calquera

but how heavy an abyss must be and what a burden, for the birds, to
drag it along and spin it like a whirlwind in the realm of the air!

"don't you see it? it's they who are spinning free of the abyss"

weightless
grey / as anything

Un paxaro unha dama un león unha aguia un anxo un corazón un horizonte

O paxaro baila todos os días na rompente
é un paxaro pero nada nel é diferente da escuma

algún día un corazón deixará de ser escuma

un corazón
cre que é verao
e é certo
todos os días son verao
todos os días pode mergullarse no mar Negro

a liña que debuxa
o paxaro
afástase e regresa
é un ritmo
(por iso dicimos que a casa do paxaro é un ritmo)
constrúe dous hemisferios simétricos
o ecuador é a rompente
e expándese en sentido horizontal
é un deseño lanceolado

este cerebro é a casa do corazón

é a folla dunha árbore
dun álamo

pero a folla levita sobre a galla

A Bird A Damsel A Lion An Eagle An Angel A Heart A Horizon

The bird dances each day at the break of dawn
it's a bird but in no way differs from froth

someday a heart will stop being froth

a heart
believes it's summer
and it's true
every day is summer
every day it can take a dip in the Black Sea

the line drawn by
the bird
wanders and returns
it's a rhythm
(that's why we say the bird's home is rhythm)
it constructs two symmetrical hemispheres
the equator is daybreak
and extends outward horizontally
it's a lanceolate design

this brain is the home of the heart

it's the leaf of a tree
of a poplar

but the leaf levitates upon the branch

ninguén pedirá o bautismo
ninguén lembrará ao mesías

a casa do paxaro son os álamos

no one will request baptism
no one will remember the messiah

the home of the bird is the poplars

Música para siamesas

1

A parede
tan alta coma un Himalaia
no lugar onde ti vives
tapizada de fentos
noviños que aínda non foron quen
de despregar as espirais
Nalgún lugar un trampolín
simula ser o final do precipicio
Ti sabes
o fulgor verde da primavera
desce máis aló do país das sombras
A palabra que dis repousa en si
(é certo que no teu país unha vez houbo
un Himalaia)
no seu propio esforzo
cando rompe nun infinito de fisuras
Ningún indecíbel
só a materia que rompe
a do esforzo

Siamese Music

1

The wall
high as a Himalaya
in the place where you live
carpeted with ferns
new growth not yet poised
to deploy its spirals
Somewhere a trampoline
pretends to be the lip of the precipice
You know
the green glow of spring
descends beyond the country of shadows
The word that you speak sustains itself
(it's true that in your country there was once
a Himalaya)
by the force of its own efforts
when it shatters in an infinity of fissures
None unspeakable
it's only the material which shatters
that of effort

2

Noite cor de lúa catástrofe
"non teñas presa
queda aquí no H
por un intre
por un intre
cabalga aquí"
nai
asfixia
Con látegos
estas palabras
con látegos

....

Malia ser os nosos ceos moi figurados, malia non ser nativos do deserto,
as variadas e cambiantes figuras das nubes non nos impiden concibir os
ceos coma unha continuidade ou fluxo e ao lóstrego (materia arbórea)
como unha cicatriz na pel que nos envolve

2

Night colour of catastrophic moon
"don't rush off
stay here in the H
for a while
for a while
ride up here"
mother
asphyxia
With whiplashes
these words
with whiplashes

. . . .

Despite our skies being so figurative, despite not being native to the desert, the variable and changing figures of the clouds don't stop us from conceiving the heavens as continuity or flux, and lightning (branched matter) as a scar on the skin that envelops us

Un particular estado do mundo

Dicimos
non dicimos o nome
outra cousa non podemos dicir
"erguíame todas as mañás ás cinco para ir traballar"
quen así di
expresa o asombro de non agardar polo amencer
ou?
porque non son só / (…)
senón tamén ese fillo/a de puta
cabrón/a que che abaixa a grandeza do corpo
e ti que non te deixas ser a arma letal
que calquera é fronte aos asasinos
Aínda a firmeza na voz
cando escoito a pregunta
que significa a linguaxe?

A Particular State of the World

We speak
we don't speak its name
another thing we can't say
"I got up at five every morning to go to work"
whoever says such a thing
expresses astonishment at rising before dawn
or?
because I'm not alone / (…)
but also that son/daughter of a bitch
bastard who deprecates the grandeur of the body
and you who refuse to be the lethal weapon
that anyone is in the face of assassins
Still the voice is steady
when I hear the question
what does language signify?

Conto de inverno

Escoitas?
si, a pedra
a que é bóveda e clave dos ceos
se a moves os ceos desprázanse
móvea:
non é unha resurrección
é a morte
que se sitúa da beira máis clara da tebra
sería coma se acordases póstuma
escoitas?
escoitas o teu paso lixeiro
nas cidades entre os animais?

non regresa
é nova cada vez
esfarélase
mestúrase con todo
marca o compás
construe o tempo

móvea
tes que movela
transportar o ceo

a pedra
o seu paso de baile
ela si
o valse

e todo o que estoura na noite

Winter's Tale

Do you hear it?
yes, the stone
the one that's dome and key to the skies
if you move it the skies move too
so move it:
it's not a resurrection
it's death
located on the lighter side of darkness
it's as if you wake up posthumously
do you hear it?
do you hear your soft footsteps
in the cities amidst the animals?

it doesn't return
it's new every time
crumbles
mixes with everything
marks the beat
constructs time

so move it
you have to move it
transport the sky

the stone
its dance step
yes that one
the waltz

and all that bursts in the night

Advento

Esa árbore non se reflicte
coma tantas outras,
ante elas a linguaxe non existe

cando volvo a vela
a árbore
é xa un espectro da mente
o aire que a envolve trema

as palabras din
que os paxaros foron afastados polo tráfico
que debemos contemplar a natureza
como os poetas contemplan o ceo e os océanos
carentes de finalidade
quere dicir
en ausencia de linguaxe

tira ti as conclusións, como queiras

a linguaxe é teleolóxica
con todo
as palabras dalgunhas persoas son ceibes
son ceibes as palabras
daquelas que contemplan a natureza
calquera pode contemplar a natureza

mudos
como poetas

(o mar é un inmenso depósito de peixes)

Advent

That tree has no reflection
like many others,
in the face of them language does not exist

when I turn to see it
the tree
is already a phantom of the mind
the air that envelops it trembles

the words say
that the birds were scattered by the traffic
that we should contemplate nature
as poets contemplate the sky and oceans
utterly without purpose
which means
in the absence of language

draw your own conclusions, as you wish

language is teleological
all in all
the words of some people are free
they're free, the words
those that contemplate nature
any can contemplate nature

mute
like poets

(the sea is an immense reservoir of fishes)

Diálogo

"na lingua das bestas
señor
nesa lingua
escribo"

Dialogue

"in the language of beasts
sire
in that language
I write"

Amence

Todos estes edificios
o reloxo e as horas de ouro

son eles a mirada
e só eles o espazo
e o tempo

céibate corazón!!!
non podes queres   (vivir)
entre humanos

(máis alá
das tumbas que confunden a súa vida
coa vida do deserto)

lentas as palabras que traducen o intenso

os antigos hangares portuarios
e os pes nus

de Hermes

Dawn

All these buildings
the clock and its hour hands of gold

they are the gaze
and only they are space
and time

Heart break free!!!
you can't you want to   (live)
amidst humans

(far beyond
the tombs that confuse their own life
with life in the desert)

slow are the words that translate intensity

the old port warehouses
and the bare feet

of Hermes

Meta

Desapareces
elas
as sereas
cantan
"perderemos o enlace perderemos o enlace
perderemos"
é un canto poderoso no seu erro
e árido e persuasivo
pero a voz
ao igual que a das meniñas balbucientes
a dos que agonizan
as voces gravadas
as dos aparecidos
as das paridas
non o é
humana
(completamente)
O que escribo é esa desaparición
no corpo que elas ditan
na súa posibilidade
escribo a voz coma un país estranxeiro
"perderemos o tren perderemos perderemos
quereriamos durmir aquí quereriamos"
Elas
as que viaxan

Abandonariamos os remos
e todo goberno
amarrado ao mastro

Aim

You disappear
they
mermaids
sing
"we'll miss our connection we'll miss our connection
we'll miss"
it's a powerful song in its error
and arid and persuasive
but the voice
exactly like that of stammering girls
of those in the throes of dying
recorded voices
those of apparitions
those of the newborn
the song's not
human
(completely)
What I write is that demise
into the body which the voices dictate
into its possibility
I write the voice as a foreign country
"we'll miss the train we'll miss we'll miss
we'd rather sleep here we'd rather"
They
those who travel

We'd abandon the oars
and all government
lashed to the mast

Aniversario

Son os ceos
e detense a estrela
o morto aparécese

e nos
escrav*s
ceibámonos do cofre da Historia
a letra de opresión
desintégrase

argueiro nun raio de lúa

non sucede
é

chamámoslle
redención

un xiro
eterno

Anniversary

They're the heavens
and detain the star
death shows up

and we
slaves
free ourselves from the coffer of History
the letter of oppression
disintegrates

fleck in a ray of moonlight

doesn't happen
just is

we call it
redemption

a turn
eternal

Métrica

Quoi? –L'Éternité
ao irse o sol co mar conta as sílabas

Metrics

Quoi? –L'Éternité
as it vanishes in the sea the sun counts its syllables

Para acordeón harmónica e guitarra eléctrica

No aire

no aire están os corpos
nos ventres do aire

For Accordion Harmonica and Electric Guitar

In the air

in the air the bodies are
in the wombs of the air

Proxecto

Retárdome
podería ser completo
o retraso
sería o estranxeiro
senón cedese
na forza
eu
o mundo
perdería

non
humana
non
era
falaba
non falaba
era
non era
a vida

Project

I slow down
perhaps fully
the delay
would be the foreign
otherwise it surrenders
in the force
I
the world
would lose

not
human
was
not
was speaking
was not speaking
was
was not
life

Ética

Este é un lugar bourado polo vento

o libro é de fogo
non é o libro do mal
onde están os meus
dos que non podo ceibarme

as gallas éntranme
destrúen a persoa

o libro proclama que a mellor compañía
para os homes non son as bestas nin os ermos
senón os propios homes pola súa variedade

as labaradas envólvenme
gardan distancia co que son
e as raíces que me medran

éo (o libro) das paixóns e do entendemento de deus
ou natureza
está en guerra coa tristura
e en paz co que non ten duración

ninguén se vai relacionar cunha carne rebentada
pola carqueixa pola espiña
cuns ollos que len no lume

cando se peche

unha bóveda de oxivas

Ethics

It's a place battered by wind

the book is of fire
it's not the book of evil
where my people are
those from whom I cannot break free

its shoots pierce me
destroy the person

the book proclaims that the best companions
for men are neither beasts nor barrens
but men themselves in all their variety

the flames envelop me
keep their distance from what I am
and the roots that make me grow

it's (the book) of the passions and the comprehension of god
or nature
it's at war with sadness
and at peace with what has no duration

no one will relate to a flesh ruptured
by halimium roses by thorns
with eyes that read in the fire

when it closes up

a dome of ogives

pero eu non volverei ser un home
calquera cousa
tamén un home

but I will not return to be a man
or anything at all
even a man

Pléroma

Ch vai nun autobús, non é unha viaxe longa; adormece, esperta; fóra empardece e sente a distancia, non é infinita nin molesta, é sen medida; as árbores outonais desfilan unha tras outra // no verdor, nas augas; entón percibe a nada entrándolle nos tecidos, abríndoselle paso ata as vísceras, esa nada non é para sempre, dura un instante, nese intervalo Ch é un ser totalmente exposto, case unha escritura: unha mestura de nada e corporalidade; un ser así esvaece na súa exposición, alí onde os demais poden advertila e ela perdeu a propia imaxe: nun soño, na morte

II

É unha dobra do tempo: non hai palabras non hai ruído non hai
    silencio / é un gramo de pura dor
Son a herba a semente trinta merlos peteirando a semente un bucle de
    tornado unha columna de fogo
Abandona a beleza (a á do corvo pousando na pedra a onda do tráfico
    o amencer a chamada do corvo) déixaa imperfecta
Neste tempo só este só este estreito breve que temos os humanos

Non existe a linguaxe, as palabras non existen non existen as palabras.
    Non están/están nos corpos, nin están na voz, non están/están na
    herba, non pode darlles alcance a morte. É un salto o que digo
Non teñen existencia/existen os defuntos, nin a memoria existe, nin o
    pensamento nin o pobo futuro
Son berce sorpresa imaxinación do mundo dentro e en desvío do
    mundo // son da musa estas palabras

Pleroma

Ch is on a bus, it's not a long trip; she snoozes, wakes: outside it's dusk and she feels the distance, not infinite or bothersome but immeasurable; autumn trees pass one after another // in the greenery, in the waters; she feels nothingness penetrating her clothes, opening a path to her viscera, this nothingness does not endure, it lasts but a moment and in this interval Ch is an utterly exposed being, almost a piece of writing: a mix of nothing and embodiment; such a being dissolves in its own exposure, there where others can warn her and she's lost her own image: in a dream, in death

II

It's a fold in time: there are no words no noise there's no silence / it's a
  gram of pure agony
They are grass are seed thirty blackbirds pecking seeds a tornado spiral
  a column of fire
Beauty takes leave (the wing of the crow resting on stone the wave of
  traffic the dawn the call of the crow) leaves it imperfect
In this time only this we've only this brief strait, us humans

Language doesn't exist, words don't exist they don't exist, words. They
  are/aren't in bodies, nor in the voice, they are/aren't in the grasses,
  death can't touch them. What I'm saying is a leap
The dead don't exist/exist, nor does memory exist, nor thought nor the
  future people
They are cradle surprise imagination of world in and detoured from
  world // they're from the muse, these words

Non existen o que se di non existe non ten existencia. Non existen, as
   palabras

Aquí todos semellamos un pouco aluarados, mesmo o colibrí; escoitamos
o non caer da chuvia a cor non branca da neve a non deflagración sobre
Hiroshima; en fuga do mundo é o lugar onde van os heroes na procura
de certezas, estamos sedentos. As letras teñen todas a súa coroa de dagas,
como nosoutros somos o baleiro, a inocencia do mundo

É un ventre de nubes non o digas non o digas aquí vivimos. Non é un
   aquí non é un ti non é un eu non é un ventre non son nubes aquí
   vivimos non vivimos vivimos
Un non é morte, a desaparición que está logo da nada
Non din as palabras non din non din
Non

E así aparézome (eu) *como se estivese con numerosas outras* e outras moitas
comunidades: aquí non todos estamos defuntos, e cada un, cada unha, fai
o que ten por hábito facer; erguemos edificios // non duran tampouco son
ruínas, escribimos literatura pero sempre é unha non literatura, un non filmar
películas, un non cartografar abismos... moitos, millóns estamos vivos, e
outros, outras, aínda non naceron; agrupámonos e os malvados permanecen
entre nós. Esta comunidade é a totalidade dos humanos: animais en figura
humana divindades tamén en figura humana —dos sexos máis diversos—
animais irrepresentábeis en forma de animal animais-máquina-humanos
racionais e persoas e outras moitas comunidades: animadas de greta de peixe
de clan de horda sensíbeis de plásticos parlantes pensantes de nación de
cantón de república de estado. Xeralmente simultáneas, de todas as partes

They don't exist what can be said doesn't exist has no existence. They
    don't exist, words

Here we all seem a bit moonstruck, even the hummingbird; we listen
to the non-fall of rain the non-white colour of snow and the non-
deflagration over Hiroshima; in flight from the world is where heroes
go in search of certainties, we're parched. Every letter has its crown of
daggers, while we are nothingness, innocence of the world

It's a womb of clouds you don't say it, don't say it, here we live. It's not
    a here it's not a you not an I it's not a womb they're not clouds here
    we live we don't live we live
A no is death, the demise that occurs after nothingness
They don't speak words don't speak don't say
No

And thus I appear (I) *as if I were with many others* and many other
communities: here we're not all dead, and each man, each woman, does
as they habitually do; we raise buildings // they don't last but neither
are they ruins, we write literature but it's always non-literature, a non-
filming of movies, non-mapping of abysses… many of us, millions, are
alive, and others, not yet born; we form groups and the wicked abide
among us. This community is the totality of humans: animals in human
form divinities also in human form—of the most diverse genders—
animals unrepresentable in animal form, rational animal-machine-
humans and persons and other various communities: animated by cleft
by fish by clan by horde sensitive to plastics speaking thinking of nation
of canton of republic of state. In general simultaneously, everywhere

Se pechas o humano, entras nas identificacións incomprensíbeis // de
momento

É así como os espectros volven e a medula torna cicatriz, lei gravidade
do idioma
(Eles) queren escoitar, nacer

E amor arrebata toda existencia cara ás divididas partes outras, sen
medida

If you shut down the human, you enter incomprehensible
   identifications // momentary

And that's how ghosts return and the marrow scars over, language's law
   of gravity
(They) want to listen, to be born

And love snatches all existence away to other divided places,
   immeasurable

Non é que eu / sexa cazador

Iso que está só
canoa resto ruína
iso testemuña

non di verdade
mantense entre música e pensamento
senón perderíase no leito dos ríos
senón coma a frecha destruiría o albo
non di nin ti nin eu
di claridade

precipítase
non podes lle deslindar o sensato do insensato
é poroso
lévanos fóra
aí desaparecemos

entón
entón rastrexa ao animal
escoita o animal na boca

o teu ollo
(a miña mao)
ese está só

Not That I / Be Hunter

This which is alone
canoe remainder ruin
this testifies

doesn't speak truth
hovers between music and thought
or it would be lost in the bed of rivers
or like the arrow it would destroy the bull's-eye
it speaks not you not me
speaks clarity

precipitates itself
in it you can't dissociate the sensate from the insensate
it's porous
lifts us outside
there we will disappear

then
then it stalks the animal
listens to the animal in the mouth

your eye
(my hand)
that which is alone

Identidade

O corpo e a sombra
a cebra e as outras cebras
que canda ela beben no río

a cópula
o corte
insignificante
pequeno
que realiza unha diferenza
move montañas
dispersa

xírate
volve a mirada
esa lingua de sal

cando contigua a unha claridade
a venda do sudario comeza a desprenderse
iso dis
cando case contiveches a deflagración
iso dis

cada palabra é un anaco de ceo
caen

ti
es a gravidade
a meta

Identity

Body and shadow
the zebra and the other zebras
that drink nearby in the river

copulation
the cut
insignificant
small
that makes a difference
moves mountains
disperses

just spin round
the gaze returns
that language of salt

when contiguous with a clarity
the strips of the shroud begin to unwind
you say this
when you've almost contained the deflagration
you say this

each word is a bit of sky
they fall

you
are gravity
aim

Terras de promesa

Ao dicir idea digo imaxe figuración figura
esta cadeira con po de séculos
a araña tecendo o espazo

os actores representan o que che é máis achegado
apenas podes entender a súa lingua de ruínas
e marabilla

o abono para o palco é a propia vida
ninguén pode ocupar o seu lugar aí

Ao dicir idea digo fantasma fantasía
digo fondo
ese que non coñece límites
nin idioma nin tempo
pero si os teus ollos

e a forma do palco
é unha goleta
desde aí
desde os teus ollos
arrebólase

Promised Lands

In saying idea I say image figuration figure
this chair with the dust of centuries
cobwebs weaving space

the actors represent what you hold dearest
you can hardly understand their language of ruins
and marvel

the ticket for the stage is life itself
no one can take its place there

In saying idea I say phantasm fantasy
I say depth
that which knows no limits
or language or time
but yes your eyes

and the shape of the stage
is a schooner
from there
from your eyes
it casts off

Un brillo

Esta palabra é fermosa
podemos mirala e dicila
esta palabra é Terra
apoiase sobre un Caos
sepáraas un portón de bronce
di o que non se pode dicir
di o que sempre se repite
e nunca foi dito

porque debía permanecer no mundo
e considereino incompatíbel coa palabra que chama o invisíbel

é delgado o tempo
coma o van da clepsidra
extenso coma as areas do deserto
(aínda resta deserto)

tardas o que o cormorán en capturar os peixes do fondo

busqueino en todos os ríos
era un extraser
insistía
estaba

A Glow

This word is beautiful
we can see it and speak it
this word is Earth
it rests on a Chaos
a bronze portal separates them
it speaks what cannot be spoken
speaks what is always repeated
and was never said

because it had to abide in the world
and I consider it incompatible with the word that beckons the invisible

time is thin
like the dip in the clepsydra
extensive as the sands of the desert
(desert still remains)

you tarry like a cormorant nabbing fish from the depths

I sought it in all the rivers
it was an extra-being
it was insistent
it was

Estado de sitio

A unha escisión do abismo
Érebo que de si se escinde
Tártaro
Noite

a unha escisión dos nomes
palabras que non son palabras
chamándonos

a unha escisión entre o día e a noite
Érebo que se perde no Érebo
e a media noite dun e doutra

a esa nudez
a esa escisión
idéntica

State of Siege

To an excision of the abyss
Erebus that cleaves itself from itself
Tartarus
Night

to an excision of names
words that are not words
calling us

to an excision between day and night
Erebus that loses itself in Erebus
and the midnight of one and the other

to that nakedness
to that excision
identical

Claridade de xuízo

Entendo que a vida é o que vivimos: esta a túa a miña a nosa vida
entendo que un poema é pobreza medido coa vida
entendo que é pausa
que por un instante separa a vida de si
que pesa e fai balance
esguiza os sentidos
Entendo que é acceso ao intelecto
un vértice corpóreo
impropio
Así o entendo
que o poema indica a desconexión entre melodía e sentido
Entendo que un poema só se escribe con versos finais

Desfonda o idioma
desfonda a vida

Clarity of Judgment

I understand that life is what we live: this yours mine our life
I understand that a poem is poverty in comparison with life
I understand it's a pause
that for an instant it separates life from itself
that it weighs and balances
rends the senses
I understand it is access to the intellect
a corporeal vertex
improper
That's how I understand it
that the poem indicates the disconnect between melody and sense
I understand a poem can be written only with end-lines

It upturns the language
it upturns life

Vontade

tería todas as características da serie (poesía) pero non podería ser
incluído: un poema / sería un límite
de vez unha excepción e un paradigma
escrito non só con nomes, senón coas paixóns que ditan os nomes: un
golpe de vento unha manda de reiseñores
por un intre nel cruzaríanse a mirada do pasado e do futuro (anxos) e
viviriamos un presente

non pode ser escrito

el/ela/un/unha empeñou a súa vida neste inesquecíbel

Volition

it'd have all the characteristics of the series (poetry) but could not be
included: a poem / would be a limit
simultaneously exception and paradigm
written not just with names, but with the passions that dictate names:
a stroke of wind a watch of nightingales
for a moment the gaze of the past and of the future (angels) would cross
paths in it and we'd live in the present

it can't be written down

he/she/one / pledged their life in this unforgettable

Vontade (2)

el/ela
un/unha
calquera escribe
e ao facelo debúxanselle no rostro
os riscos do animal que elixiu
ou lle foi asinado

de que materia as ás
na fin dos tempos
agora
gozo dun tempo
que a si mesmo se dobra e estoura?

unha porta no ceo
(mastigas a carne clara do solsticio
a noite de inverno)
o amargo no ventre
o doce na boca

e un murmurio no Hades

Volition (2)

he/she
/one
whosoever writes
and in so doing, has their face marked
by the claws of the animal that we chose
or was assigned us

of what material are wings
at the end of time
right now
am I revelling in a time
that folds in on itself and shatters?

a door in the sky
(you masticate the clear flesh of the solstice
the night of winter)
bitterness in the gut
sweetness in the mouth

and a murmur in Hades

Vontade (3)

Quen cruza a silva e volve
non da razón
soña sobre a voz
e sobre a voz
acorda

Volition (3)

Whosoever crosses the wilds and returns
admits to no one
dreams of the voice
and attuned to the voice
wakens

Núcleo

Asediábana os cervos
eran fantasías de cervos
e longas meditacións
a idea de que para entrar na intimidade dos corpos
cómpre antes desactivarlles a alma
cortar un corpo en canal
coñecer os propios intestinos
Unha e outra vez volvían os circuítos
abandonaba o camarote
cruzaba entre o tráfico que lle atormentaba os soños
a vexetación era escura
pero ela sentíase diante do estanque de Livi Haus
ou fronte as murallas de Buxoro
Como é posíbel desactivarlle a alma á voz
e estar dentro da voz
na intimidade das palabras?
A arpa a arpista que se abraza á arpa
e navega as ondas
e aínda a voz
"era fermosa aquela cidade como unha lúa
e cruel como o estralar do látego
na carne dunha escrava"

Nucleus

The deer laid siege to her
They were fantasies of deer
and long meditations
the idea that to enter the intimacy of bodies
it's necessary first to deactivate the soul
cut a channel in the body
know its very intestines
Again and again the circuits returned
she abandoned her porthole
crossed in the traffic that tormented her in dreams
the vegetation was dark
but she sat before the pond at Livi Haus
or before the walls of Buxor
How is it possible to deactivate the voice from the soul
and stay inside the voice
in the intimacy of words?
The harp the harpist who embraces the harp
and navigates the waves
and yet the voice
"that city was beautiful as a moon
and cruel as the bolt of lightning
in the flesh of a woman slave"

Contra os ídolos

Querías
unha palabra
que se mirase
no seu corazón de palabra
que reflíctese no seu rostro
toda a beleza do mundo

sería a súa voz a do anxo

como un brâhman
compoñerías un Anna-Viraj
con el crearías un deus

o sacrificio é un deus

e ti nutriríaste de gloria

2 *(política)*

Cando todo goberno cese
cando todas as plumas do anxo caian

canta agora ti
esta páxina en branco

Against the Idols

You wanted
a word
that gazes at itself
in its heart of word
that reflects in its face
all the beauty of the world

its voice would be the angel's

like a brahmin
you'd compose a Virajanna
with it you'd create a god

sacrifice is a god

and you'd nourish yourself on glory

2 *(politics)*

When all government ceases
when all the plumes of the angel fall

okay now sing
this blank page

3

Nada contén a páxina
so unha lingua que en si se contempla e acouga

e se abre para que a digas ti eu
calquera

3

The page contains nothing
only a language that in and of itself contemplates and calms

and opens up to let you say you I
whosoever

Un acontecemento ideal

Sen os espellos
que son un corazón que son as augas
os paxaros non poden turrar dos abismos
zurciremos
zurciremos o senso
zurciremos os espellos
zurciremos as fronteiras
e ao zurcir non nos confundiremos
cun isto
cun eu
cun concepto
aquí subsistimos e insistimos
Sen as errantes
que son planetas que son psiques que son batallas
aos ceos non atraeremos
falar
falaran as superficies e as bisectrices
a casa baleira e o inquilino sen casa
o punto aleatorio e a recta que non atopa o seu final
o conxunto anormal e o elemento rebelde
co mundo
coas persoas
cos deuses
non nos confundiremos
nin bo senso nin órgano común
responder
responderemos
e a pregunta o problema o enunciado nunca esgotaremos
xogar
xogar

An Ideal Occurrence

Without the mirrors
which are a heart which are waters
birds can't emerge from the abysses
we'll mend
we'll mend sense
we'll mend mirrors
we'll mend borders
and in mending we'll not mistake ourselves
for a this
for an I
for a concept
here we subsist and insist
Without the wanderers
which are planets which are psyches which are battles
the heavens do not attract us
speech
the surfaces and the bisected will speak
the house empty and the tenant homeless
the aleatory point and the straight line that can't find an end
the abnormal conjunction and the element in rebellion
at the world
at people
at the gods
we don't get mixed up
neither common sense or common organ
answer
we'll answer
and the question the problem the enunciated will never exhaust us
play
play

a figuras celestes e abismos
batallar
en Aión eternidade
eternidade
extraser seremos
e dunha tirada todo azar repartiremos
subir
zurcir
confundir
subsistir
insistir
responder
xogar
batallar
alén do terror e da coraxe
repartir
suceder
trazar
cara ao norte cara ao sur
cara á esquerda e á dereita
polos bordos
un mapa proxectaremos

e malia non ser eu unha andoriña
un verao

poderiamos

→→→→→

at celestial figures and abysses
battle
in Aion eternity
eternity
we'll be extra-beings
and in one cast we'll divvy all of luck
rise
mend
mistake
subsist
insist
answer
play
battle
beyond terror and courage
divvy
happen
trace
to the north to the south
to the left to the right
along the edges
we'll design a map

and although I'm not a barn swallow
a summer

we could

→→→→→

Seda

—continuación

Son todos bagoas
son da profundidade
pero non teñen voz
sobre eles
neutros
mínimas nubes de alento
son palabras
no teu idioma
carecen de número e persoa
non se mesturan coas criaturas
nada lles predican
nada lles atribúen
acontécenlles
Vagabundas
coma vapor que arranca o sol
aos campos xeados

de éter

Silk

—continuation

They're all teardrops
they're from the depths
but have no voice
over them
neutral
tiny clouds of breath
they're words
in your language
they lack number and person
don't mix with creatures
nothing is preached by them
nothing is assigned to them
it befalls them
Vagabonds
like vapour that the sun pulls
out of frozen fields

of ether

Clinamen

Non trema o eco
e é expansión no cerebro
ti nunca estiveches alí
alí están os xeos e os desertos
ese ceo é a túa pel
dis
"a vida ten o sabor da chuvia
e dos óxidos"
É baleiro o eco
evanescente
un pé sobre a fráxil fértil codia terrestre
Agora entras na cidade
non podes non mirar os faros
o fogo que orienta as caravanas
e estás no bucle
un océano
a mente
o tempo menor que o mínimo no que o eco
un átomo
pode pensarse
veloz
recorre a distancia
É baleiro   a pel
é baleiro   o ceo
é baleiro   a ferida a frecha
no baleiro neste pulso
envólveste

Clinamen

The echo doesn't tremble
and is expansion in the brain
you were never there
glaciers and deserts were there
that sky is your skin
you say
"life tastes like rain
and rust"
The echo is empty
evanescent
one foot on the fragile fertile crust of Earth
Now you enter the city
you can't tear your eyes from the lighthouses
the fire that orients the caravans
and you're in the loop
an ocean
the mind
minor time which the smallest to hold the echo
an atom
can think itself
swift
it covers the distance
Empty is   the skin
empty is   the sky
empty is   the wound the arrow
in the emptiness of this pulse
you curl up

Costa verdescente

Vai para o fondo a tirada
pero algo
reflota os números
as casiñas vermellas
e a casa verde
o límite dourado
e a roda
Un pobo non quere unha coroa
non desexa cargar
os seus pasos son unha promesa
fían o incalculábel
un presente
un don
como o cantar do Miño baixo as morrenas
millóns
millóns mallando os ermos da Terra
que as palabras sexan a poeira erguida
os pés que baten os ermos do planeta
Comeza de novo a gran saúde
a gran virtude
e o máis ledo saber
preto
na cunca da mao
ti inverno xeada acevo
cicatriz
fronteira franca
boca
Un Eón dá cabo de si
cúmprese
Se es bala organizas o campo

Viridescent Coast

It's a cast to the depths
but something
refloats the numbers
the red shacks
and the green house
the golden limit
and the wheel
A people has no wish for a crown
does not want the burden
its footsteps are a promise
they knit the incalculable
a present
a gift
like the chant of the Miño River below the moraines
millions
millions winnowing the barrens of the Earth
may words be the dust that rises
the feet that pound the barrens of the planet
Great health returns again
great virtue
and the gayest science
nearby
in the palm of the hand
you winter frost holly
scar
border zone
mouth
An Eon draws to a close
fully realized
If you're bullet you organize the field

Isto sucede agora
cando ti o les
Permanentemente psíquicos
os corpos

This happens now
while you're reading it
Permanently psychic
bodies

Himno

O álamo para o fin do mundo
non se esvae
nos bordos érguese
o pranto
vai contigo
a mao que cubre o rostro
o álamo
para o día da fin dos tempos
o pranto

Anthem

The poplar for the end of the world
does not waste away
it stands on the verges
the wail
accompanies you
the hand that covers the face
the poplar
for the day at the end of time
the wail

Unha luz que se afasta e se nos dirixe

Palabras
núas
sen traxe de gloria
sen obediencia
abertas
caídas na mente

as serpes
que eran cíclicas
despregaron a lonxitude máxima dos seus corpos
na terra
e poboacións de palabras
fixeron das serpes o seu fogar

outras
desprendidas da árbore
pousaron no lombo dos leviatáns
que son cetáceos brancos

palabras
de ciencia
siderais
brancas

non te nomean

van cara ao lonxe
nútrennos

A Light That Recedes As It Beams Toward Us

Words
naked
without robes of glory
without obedience
opened
fallen into the mind

the serpents
that were coiled
stretched to the full longitude of their bodies
along the earth
and populations of words
made serpents their home

others
dislodged from the tree
rested on the backs of the Leviathans
that are great white cetaceans

words
of science
sidereal
white

don't name you

head into the distant yonder
nourish us

Gromo

Neste poema hai/non hai xa bolboreta
nos outros tampouco

e o senso dividiu e articulou a relación
entre os corpos e a linguaxe

a bolboreta voou en todo o seu esplendor

a linguaxe dixo
"isto é unha bolboreta"
"eu amo á bolboreta"
"hai bolboreta?"

unha palabra
esta
que non é (pero non allea)
un senso
un corpo
un mundo
un eu
o lugar onde a especie resolve os problemas
que a asedian

musa recostou nas areas do deserto
o seu sorriso arcaico

neste poema hai/non hai bolboretas
nosoutros tampouco

Bud

In this poem there is/is no butterfly
and none in the others

and sense has divided and articulated the relation
between bodies and language

the butterfly fluttered in all its splendour

language said
"this is a butterfly"
"I love the butterfly"
"there's a butterfly?"

a word
this
which is not (but does not stray)
a sense
a body
a world
an I
the place where the species solves the problems
that besiege it

muse reclined in the sands of the desert
her archaic smile

in this poem there is/are no butterflies
And none of us either

Silvaescura é para Xoán Carlos Rodríguez.

Beben na fontana clara para Delmiro Rocha.

Amu Daria foi escrito na cidade de Khiva, sentindo unha forte presenza de Oriana Méndez.

Un paxaro unha dama un león unha aguia un anxo un corazón naceu dunha viaxe que compartín con Erín Moure, viaxe que tivo o seu cabo no país dos lipovenos, alí onde o Danubio emboca as súas augas no Mar Negro.

Non é que un eu / sexa cazador e *Da turbulencia dos álamos: fuscum sub nigrum* renden homenaxe á miña amizade con Álvaro Negro.

Terras de promesa está dedicado a Ana Gorría Ferrín.

Claridade de xuízo é para Carlos Lema.

Vontade (a serie) non pode ser senón para Xabier Cordal.

Un acontecemento ideal e a súa continuación *Seda* son para o meu irmao Claudio Pato e celebra a paixón compartida polo pensamento de Gilles Deleuze (*A Lóxica do senso*).

A escasos metros do lugar onde durante catro anos escribín estes poemas, Álvaro Negro traballou e traballa no seu proxecto *Monteagudo*. Saber do seu esforzo, da súa vontade e da súa lucidez foi e é para min unha razón poderosa para seguir escribindo.

A composición deste libro coincidiu tamén no tempo coa escritura, aínda en proceso, de *Sectores de fogo* de Xoán Carlos Rodriguez. Bocado a bocado foron chegando ata min as extraordinarias construcións e vidas de Xoán. Foron compañía na soidade e no deserto que se produce entorno a quen escribe.

En novembro de 2012 faleceu a miña amiga Sabela R. Oxea, a quen nosoutros chamabamos China, polos seus ollos riscados, a pel tan branca e os cabelos lisos e negros. Era intelixente e belísima. Publicou en edición de autora *Versos do silencio roto* e soubo defender os seus ideais alí onde as mellores coñecen o sabor do sangue. Desexo o seu nome e para sempre enlazado con esta carne de Leviatán.

About This Book

"Wilds" is for Xoán Carlos Rodríguez.

"They Drink of Clear Waters" is for Delmiro Rocha.

"Amu Darya" was written in Khiva, where I strongly felt the presence of Oriana Méndez.

"A Bird A Lady A Lion An Eagle An Angel A Heart" grew from a journey with Erín Moure; its furthest point was in Lipovan lands where the Danube waters join those of the Black Sea.

"Not That I / Be Hunter" and "On the Turbulence of Poplars: *fuscum sub nigrum*" pay homage to my friendship with Álvaro Negro.

"Promised Lands" is for Ana Gorría Ferrín.

"Clarity of Judgment" is for Carlos Lema.

The series "Volition" can only be for Xabier Cordal.

"An Ideal Event" and its continuation "Silk" are for my brother Claudio Pato and celebrate our shared passion for the thinking of Gilles Deleuze (*The Logic of Sense*).

Very close to the spot where I spent four years working to write these poems, artist Álvaro Negro worked and works on his project *Monteagudo*. His work, volition, and lucidity have been and still are a powerful motivation for me to continue writing.

While I worked on this book, Xoán Carlos Rodríguez was writing *Sectores de fogo* [*Fire Sectors*]. Xoán sent me bits of his extraordinary constructions and lives as he proceeded, and they kept me company in the solitude and desert that surround whoever writes.

My friend Sabela R. Oxea, who died in November 2012, was intelligent and beautiful; we called her China for the shape of her eyes, her very pale skin and straight black hair. She published *Versos do silencio roto* [*Poems of Broken Silence*] herself and defended her ideals in times when the best of women knew the taste of blood. May her name be forever linked with this flesh of Leviathan.

No libro *L'aperto. L'uomo e l'animale* de Giorgio Agamben podemos ler:

Na Biblioteca Ambrosiana de Milán consérvase unha Biblia Xudía do XIII que contén preciosas miniaturas (…) A derradeira páxina (136r) está dividida en dúas metades; a superior representa os tres animais das orixes: o paxaro Ziz (en forma de grifón alado), o boi Behemot e o gran peixe Leviatán, inmerso no mar e retorto sobre si. A escena que nos interesa é, en todos os sentidos, a derradeira, porque con ela rematan tanto o códice como a historia da humanidade. Representa o banquete mesiánico dos xustos no derradeiro día. Baixo a sombra de árbores paradisíacos, e xubilosos pola música de dous intérpretes, os xustos, coas súas cabezas coroadas, sentan a unha mesa ricamente garnecida. A idea de que nos días do Mesías os xustos, que observaron durante toda a vida as prescricións da Torá, se van reunir nun banquete coas carnes de Leviatán e Behemot sen preocupación algunha porque o seu sacrificio fose ou non fose kosher; é plenamente familiar para a tradición rabínica.

Encabezando este capítulo Agamben recolle esta cita:

Nas derradeiras tres horas do día, Deus, senta e xoga co Leviatán, como está escrito: "ti fixeches o Leviatán para xogar con il".

—Talmud, Avoda zara, *3b*

In *L'aperto. L'uomo e l'animale* [*The Open. Man and Animal*] Giorgio Agamben writes and we read:

In the Ambrosian Library in Milan, there is a 13th-century Hebrew Bible with beautiful miniatures. The final page, 136r, is split in two. On top, three primeval animals are pictured: Ziz (a winged griffin), the ox Behemoth, and the great fish Leviathan coiled deep in the sea. The scene below is of particular interest as it is the final scene, in every sense, ending both the codex and the history of humanity. It shows the messianic Banquet of the Righteous on the day of Judgment. Shaded by paradisiacal trees and serenaded by two musicians, the Righteous, their heads crowned, sit at a richly laid table, in accordance with Rabbinical tradition which holds that, upon the coming of the Messiah, those who for their entire lives have observed the prescriptions of the Torah will feast on the flesh of Leviathan and Behemoth, without concern as to whether the slaughter was kosher.

Agamben placed this epigraph at the start of his chapter:

In the final three hours of the day, God rests and plays with Leviathan, as is written: "you created the Leviathan so you could sport with it."
　　　　　　　　　　　—Babylonian Talmud, Avodah Zarah Tractate, *3b*

Chus Pato (full name María Xesús Pato Díaz, born in Ourense, 1955—) teaches history and geography in a small city in central Galicia in the north-west of Spain, and writes in the Galician language. Her sixth book of poetry and first in her pentalogy *Decrúa* [*Delve*], *m-Talá*, broke the poetic mould in Galicia in 2000. The first four books of the pentalogy, all translated by Erín Moure, appeared in the UK as *m-Talá*, *Charenton*, and *Hordes of Writing* (Shearsman), and in Canada as *Secession* (BookThug, published with *Insecession* by Erín Moure). *Flesh of Leviathan*, the final text in the pentalogy, is the first to be published in the USA. *Hordes of Writing* received the 2008 Spanish Critics' Prize and the 2009 Losada Diéguez Prize. In 2013, the Galician Booksellers' Association celebrated Chus Pato as Author of the Year. In all her work, Pato refashions the way we think of the poetic text, of words, bodies, political and literary space, and of the construction of ourselves as individual, community, nation, world. Her works have made her one of the most revered and iconoclastic figures in Galician and European literature.

Erín Moure has published 17 books of poetry, and has translated 13 volumes from French, Spanish, Galician and Portuguese into English, by poets such as Nicole Brossard (co-translator with Robert Majzels), Andrés Ajens, Louise Dupré, Rosalía de Castro, Chus Pato and Fernando Pessoa. Moure's work has received the Governor General's Award, Pat Lowther Memorial Award, A. M. Klein Prize, and has been a three-time finalist for the Griffin Prize (twice for translation). In 2014 she published *Insecession*, a biopoetics echoing Chus Pato's *Secession*; both appeared as one book from BookThug. Her French/English play-poem-cabaret *Kapusta*, a sequel to *The Unmemntioable*, appeared from Anansi in 2015. *Flesh of Leviathan* is Moure's latest translation, and her fifth of Chus Pato.

photograph by Elisa S.

Flesh of Leviathan
by Chus Pato
translated from the Galician by Erín Moure

Cover text set in Electra LT Std, Waters Titling Pro, Trajan Pro and Cronos Pro.
Interior text set in Electra LT Std and Adobe Garamond Pro.

Cover image: "Logs at Wreck Beach" by Karis Shearer, 2015

Cover and interior design by Cassandra Smith of Molo Projects
www.moloprojects.org

Offset printed in the United States
by Edwards Brothers Malloy, Ann Arbor, Michigan
On 55# Enviro Natural 100% Recycled 100% PCW
Acid Free Archival Quality FSC Certified Paper

Publication of this book was made possible in part by gifts from:
Robin & Curt Caton
John Gravendyk

Omnidawn Publishing
Richmond, California
2016
Rusty Morrison & Ken Keegan, senior editors & co-publishers
Gillian Olivia Blythe Hamel, managing editor
Melissa Burke, marketing manager
Cassandra Smith, poetry editor & book designer
Peter Burghardt, poetry editor & book designer
Sharon Zetter, poetry editor, book designer & development officer
Liza Flum, poetry editor & marketing assistant
Juliana Paslay, fiction editor
Gail Aronson, fiction editor
RJ Ingram, contributing *OmniVerse* editor
Kevin Peters, marketing assistant & *OmniVerse* Lit Scene editor
Trisha Peck, marketing assistant
Sara Burant, administrative assistant
Josie Gallup, publicity assistant
SD Sumner, publicity assistant